F. GIROLAMI-CORTONA

DEUX DRAMES

CANEVALANDRO ET MANNONE

F. GIROLAMI-CORTONA

DEUX DRAMES

CANEVALANDRO ET MANNONE

OU

HISTOIRE MERVEILLEUSE D'UNE JOLIE PETITE VILLE

DE

L'ILE DE CORSE

BASTIA

IMPRIMERIE ET LIBRAIRIE OLLAGNIER

1908

I.

CANEVALANDRO

EVISA.

Evisa est jolie, riante, pittoresque autant que ville qui soit au monde. Coquettement assise sur un haut plateau, à 800 mètres environ d'altitude, dans un fouillis de châtaigniers, de jardins et de vignes, entre deux rivières, qui serpentent, qui chantent, elle s'éploie en beauté lumineuse.

Les monts, qui l'enserrent, les uns, dentelés ou pointus, les autres, pareils à de gigantesques moutons endormis, s'ouvrent, au couchant, et offrent une échappée de vue féerique sur le golfe de Porto, par dessus la magique *Spelonca*, jusqu'aux non moins magiques falaises ou *Calanche* de Piana.

Evisa étale en amphithéâtre ses belles et proprettes maisons, coupées de ruelles tortueuses, traversées par deux boulevards, dont l'un magnifique, aérien, bordé d'acacias, de tilleuls et de platanes, est orné d'une fontaine monumentale couronnée par le buste en bronze de Fiorello Ceccaldi.

Dans les alentours foisonnent d'agréables promenades.

L'allée de la *Polloneta* se déroule entre deux files de châtaigniers séculaires, sous un dôme de feuillage, jusqu'à un mausolée arabe à facettes jaunes, d'où la vue embrasse un panorama verdoyant, moucheté de villages et liseré de rubans d'hermine et de pourpre.

La promenade du cimetière est si merveilleuse que c'est à donner l'envie d'être enterré là. En face se dresse le *Capo ai Signori*, avec ses flèches diaphanes, ses vives arêtes, où la lumière se brise et prend toutes les couleurs du prisme (1).

A droite s'étend une vallée sauvage, parsemée de quelques vignes, au fond de laquelle le *Calancone* roule ses flots sonores. Au-delà de la rivière surgit, jusqu'aux nues, une énorme muraille de granit jaune, où la main de la Nature a ciselé de charmantes petites grottes,

---

(1) Sur l'un des points culminants du *Capo ai Signori*, à *Foce d'Orto*, le comte Jean-Paul de Leca fit construire, vers la fin du XVe siècle, un fort, où il enferma toutes les femmes de ses nombreux parents, sous la garde de trente-huit jeunes gentilshommes. Les Génois s'emparèrent du fort et massacrèrent tous les gentilshommes.

encadrées d'une multitude de têtes de chênes qui ressemblent à des émeraudes sur un fond de velours noir. Dans le lointain, la muraille prend la forme d'un moine géant, qui ouvre ses longs bras, pour cacher, à demi, les blanches maisons d'Ota, dans les plis de sa chape gris-perle.

Ce tableau est beau à toutes les heures du jour, mais surtout le matin, lorsque le soleil dissipe la poussière humide de la nuit, et que celle-ci se replie en légers brouillards flottant comme des voiles de gaze dans le ciel.

Le soir, un spectacle, beaucoup plus merveilleux, s'offre aux regards ébahis A l'instant où le soleil plonge dans la mer son disque rouge comme un coquelicot, projetant des flammes d'or et d'argent, des milliers de rubis éclatants tournoient vivement dans l'air et semblent allumer les cimes des arbres et les cristaux des monts.

Une troisième promenade, qui n'est pas la moins belle, c'est celle de la forêt.

AITONE

En sortant d'Evisa, la route monte, mais par une pente très douce, jusqu'au col du *Pinone*, d'où l'on revoit la ville, sous ses aspects divers, et, au loin, le mont d'Osani, brillant, au milieu des eaux du golfe, comme une escarboucle au soleil. Ensuite, elle s'enfonce dans une vallée, coupée de bouquets de pins maritimes, de jardinets et de clos d'arbres fruitiers. Le *Belvedere*, qui est comme le vestibule de la forêt d'Aïtone, couronne cette vallée. De ce point, on contemple avec admiration une belle cascade d'écume bouillonnante et de flots de dentelle, au fond d'un gouffre où l'écho joyeux module des airs harmonieux.

Finalement, on s'abîme sous l'ombre épaisse de la forêt. Ici, je sens le besoin d'appeler à mon secours tous les dieux champêtres, toutes les déesses protectrices des bois et des fontaines, car ma plume est impuissante à rendre la beauté du paysage saisissant qui se déroule sous mes yeux.

Des sentiers faciles grimpent et divaguent en tous sens, le long de la route principale, qui s'avance par le milieu de la vallée. Pins à droite, pins à gauche, devant, derrière; les petits revêtus de ramure; les autres, nus comme des cierges énormes, projettent leurs vastes panaches vers le ciel. Le sol est couvert d'un tapis toujours frais, semé de baies de fraisiers innombrables. Ici, l'églantier laisse tomber ses fleurs argentées dans le courant d'une onde limpide; là, un framboisier détache son or sur un fond d'herbe sombre. Le cœur descend volontiers les berges gazonnées des ruisseaux. Celui-ci porte le nom des *Sindachi* (maires), qui, en l'an 1008, se réunirent sur ses bords enchantés, sous la présidence de Sambucuccio d'Alando. Ces beaux chalets sont habités par les gardes forestiers. Aux pins succèdent les sapins, puis les hêtres. Au-dessus de ceux-ci s'élèvent, sur leurs piédestaux de brouillards, des pics portant haut leurs têtes couronnées d'une neige éclatante. Les nuages couvrent le soleil, mais le soleil va par dessus les nuages, au faîte des montagnes, briser l'ombre en mille morceaux. Du col de Vergio, la forêt n'est qu'un immense jardin de verdure, un immense camée d'onyx constellé des couleurs les plus vives et les plus variées.

LINDINOSA.

Un beau chemin conduit à Lindinosa par des carrières de granit blanc émaillé de rosaces vertes et de porphyre. *Lindinosa* ne ressemble en rien à *Aïtone*. Celle-ci est un vrai parc royal ; l'autre, un recoin de nature sauvage.

Du col du *Salto*, le chemin descend dans un ravin, du fond duquel on monte à *Cuccavera*. A certains détours, on se trouve suspendu entre le ciel et la terre. Des pins, hauts de trente à quarante mètres, sont perchés sur des rochers, au-dessus de votre tête, tandis que d'autres pins, de même dimension, émergent, sous vos pieds, de précipices effrayants. Ici, on croit voir un chapeau de roche ou un petit moine lisant son bréviaire ; là, on voit réellement des pans de montagnes percés à jour.

Le plateau de *Cuccavera* domine la forêt de Lonca. Un duvet d'herbes, irisées de reflets soyeux, tapisse le sol. Le thym et le serpolet parfument l'air. L'aigle royal fend l'horizon. Les mouflons vous regardent de haut enveloppés d'un soleil éclatant. Le doux murmure d'une onde cristalline vous berce sous l'ombre transparente des frênes. Ravie, en extase, l'âme s'élève, sur les ailes de la foi, jusqu'au séjour immortel du Créateur de tant de merveilles. Et alors, un rayon de bonheur descend dans cette âme et l'inonde des joies les plus pures ; vos paupières se baignent de douces larmes ; vous tombez sur vos genoux, et de vos lèvres frémissantes s'échappe un hymne d'actions de grâces.

Cuccavera était une station estivale de premier ordre. Les bergers s'y rendaient en foule. On y voit encore les débris des chalets et des bergeries. Depuis vingt-cinq ou trente ans, l'administration forestière s'est emparée des crêtes de nos montagnes et les défend à coups de procès-verbaux et d'amendes. La silhouette du chalet corse diffère sensiblement de la silhouette du chalet suisse.

Le chalet corse est une cabane en pierres sèches. Il abrite le sommeil des bergers pendant la nuit, et les défend, pendant la journée, contre les orages. La chaudière et les ustensiles nécessaires à la confection du fromage sont suspendus aux branches d'un rameau de genévrier, que l'on a coupé, émondé et planté autour de la cabane.

Les repas sont pris en commun, sur le gazon odorant, près de la fontaine. Pas n'est besoin de chercher de l'ombre. Sur ces hauteurs, l'air est tellement frais que les rayons du soleil l'échauffent à peine. La vie y est dure, mais libre. Le soir, après un souper frugal, les bergers s'étendent sur leurs *piloni* et causent. Mais de quoi peuvent s'entretenir dans cette solitude les hommes qui ne la quittent pas ? De mille choses. Jadis ils chantaient en chœur les strophes amoureuses du Tasso et de l'Ariosto, ou des complaintes nationales. Aujourd'hui, on cause politique ; on parle des bizarreries des béliers et des boucs ; on écoute les récits de celui qui a servi sur le continent ou aux colonies. On chante des romances, on raconte enfin des légendes. Pendant ce temps, la lumière vacillante du foyer éclaire bizarrement ces figures rustiques et fait danser les ombres ; les pipes, en pleine activité, brillent çà et là comme des étoiles de feu dans les nuages.

Voici la légende du chalet ; elle est à peu près la même partout, en Corse, en Italie, en Suisse, dans l'oasis du désert aussi bien que sur les glaçons du Thibet. « Il fut un temps où les Armaillis étaient heureux. Ils n'étaient pas obligés de garder leurs troupeaux. Des esprits, qui voyageaient dans l'air, sur le parfum des fleurs et le souffle des vents, se chargeaient de ce soin, moyennant l'offrande d'une seule cuillerée de lait répandue de la main gauche, à quelques pas du chalet. Aujourd'hui les esprits ont disparu. Les hommes sont devenus trop méchants, et n'était la bonne Sainte Vierge qui nous protège encore, on ne sait ce que le monde deviendrait. Tout s'est bien rapetissé, gâté depuis le départ des esprits. Alors les brebis étaient grandes comme des vaches et les chèvres comme des éléphants. Elles avaient tant de lait qu'il fallait les traire dans des étangs. On allait en bateau lever la crême. Un jeune berger qui faisait un jour cet ouvrage, dans le lac de Nino, essuya une tempête furieuse, sa barque chavira et il fut noyé dans le lait comme une mouche. On l'en retira et il fut enseveli au fond d'une caverne que les abeilles avaient remplie de rayons de miel plus grands que les portes des églises. L'heureux temps ! les enfants se couchaient dans les calices des fleurs. Maintenant on ne voit plus, durant les nuits d'orage, que des dragons de feu traversant les airs, précipitant l'avalanche sur les troupeaux et les bergers à l'instant où ils traversent le chemin. Les chèvres et les brebis sont petites, presque comme des poules, et donnent peu ou point de lait. Le fromage ne peut se vendre ; nos compatriotes ne veulent plus que du fromage de Suisse.

Bientôt il n'y aura plus ni troupeaux ni bergers ; et tous ces malheurs sont tombés sur nous, parce que nous sommes méchants. »

Toutefois, il ne faudrait pas attribuer aux bergers plus de simplicité qu'ils n'en ont. Aucun d'eux n'est dupe de ces contes. Ils ne croient pas plus aux esprits bienfaisants, aux étangs de lait, qu'aux follets et aux sorciers.

LONCA, SIA, FILOSORMA

Origine des Niolins et des Evisiens.

Qu'on se figure une vallée, presque aussi large que longue, ceinte de monts, et tellement profonde que les hauts pins dont elle est couverte, vus de *Cuccavera*, ressemblent à des arbrisseaux : c'est la forêt de *Lonca*, qu'il faudrait appeler *Conca*.

Le torrent, qui la traverse du Nord au Midi, sort des flancs du mont *Tafonato*, et, tout d'abord, serpente au pied d'un rocher, au milieu duquel, à une hauteur prodigieuse, on voit un œil de bœuf démesuré, qui sert d'entrée à une immense caverne. Au delà du torrent, l'arête de ceinture s'incurve sur deux points et forme deux cols : le col du *Vergiolo* et celui de *Caprunale*. Par le premier de ces cols, on descend dans le *Sia*, qui est la plage des habitants d'Evisa. Par Caprunale, on va dans le *Filosorma,* qui appartient aux Niolins.

Jadis, ces contrées étaient riches et prospères.

La plaine de Galeria produisait, comme la plaine du Nil, d'abondantes récoltes. Les côteaux du Sia étaient couverts d'oliviers et de vignes. On y voyait deux couvents : celui de *San Francesco,* situé au pied du mont d'Osani et celui de *Santa Maria della Stella,* aux sources du Fango. On y comptait aussi les châtelets de la *Botte,* de *Pinito,* de l'*Orio* et du *Vergiolo,* et les forts d'*Aghia Campana* et de *Curzo.*

Ce dernier était placé à cheval sur le dos du mont Saint-Elisée. Celui de Girolato, qui est toujours debout, a été construit plus tard par les Génois. Le fort d'Aghia Campana barrait le passage entre la vallée de Porto et celle de Bussaggia. Ces châteaux-forts portaient le nom de *Rocche* de *Sia.*

L'origine des *Sicsi* et des *Niolins* remonte bien haut. S'il faut en croire Hérodote, en 570 avant Jésus-Christ, une colonie de Phocéens avait bâti, pour obéir à un oracle, la ville de *Calaris,* aujourd'hui Galeria. Cette colonie se multiplia, comme les enfants de Jacob sur la terre de Gessen, et couvrit de ses essaims les rivages compris entre Porto et Calvi. En dépit des croisements successifs, le type grec y est visible même de nos jours. Hérodote parle aussi d'une autre colonie de Phocéens, arrivée à Calaris, vingt ans plus tard. Mais ces nouveaux arrivants ayant eu maille à partir avec les Agilliens, établis dans la Balagne, quittèrent la Corse et allèrent fonder *Massilia,* aujourd'hui Marseille, dans la Gaule, et *Regium,* aujourd'hui Reggio, sur le détroit de Messine, en Italie.

Les descendants des premiers Phocéens habitèrent paisiblement le pays qui les avait vus naître, jusqu'aux invasions des Sarrasins. Tout d'abord, ils bàtirent les forts, dont nous avons parlé, pour se défendre contre ces pirates. Ensuite ils s'enfuirent sur les montagnes, où ils finirent par s'établir définitivement et fonder les villages du Niolo et du Sevindentro, après que les Génois eurent livré aux flammes leurs champs, leurs vignes et leurs habitations.

Depuis deux siècles environ, ils sont retournés en partie, dans le Sia et le Filosorma, qui se sont réellement transformés. On y compte actuellement cinq communes, deux sur les rives du Fango et trois dans le Sia. A Osani, on exploite une mine d'anthracite qui enrichira le pays. Les roches de Curzo, sur le versant de Girolato, sont riches de porphyre et d'agathes miroitantes. A Girolato même, sont des grottes pleines de stalactites et de stalagmites. A Marignana, on a découvert dernièrement des mines de cuivre. Nous pouvons donc affirmer sans crainte d'être démenti que le canton d'Evisa est un canton merveilleux.

Histoire de Canevalandro.

Sur la fin du moyen âge, le seigneur du château du Vergiolo était le comte Euxène. Il descendait en droite ligne du premier chef des Phocéens. Ce comte avait une sœur, nommée Hellé, mariée à Mannone de Leca, seigneur du château de la Spelonca. Malheureusement le frère et la sœur étaient nés sous l'influence d'une mauvaise étoile.

Le comte était resté veuf avec un garçon, du nom de Léonidas. Il se remaria avec la veuve du seigneur de Pinito, Astarté, qui avait également un fils, appelé Agésilas. Les deux enfants étaient du même âge, et ils furent élevés au Vergiolo, comme deux frères.

Le jour de la Nativité de la Sainte Vierge, ils s'en allèrent au couvent de la Stella pour entendre la sainte Messe. Chemin faisant, le chapeau du jeune seigneur de Pinito tomba à terre. Léonidas le releva avec la pointe de son épée et le présenta à son compagnon de voyage. Celui-ci le prit et y vit un trou que l'épée avait fait et se tint, à cause de cela, pour offensé. Il s'ensuivit une dispute, au cours de laquelle, Léonidas tua Agésilas. Au comble du désespoir, le meurtrier n'osa plus retourner chez ses parents et prit la clef des bois. Un berger porta la nouvelle au château du Vergiolo. La douleur d'Euxène et d'Astarté fut très grande. Dans son délire, cette dernière accusa son mari de lui avoir fait tuer son fils pour s'emparer de sa Seigneurie et voulut se séparer de lui.

Un jour Euxène alla trouver sa femme à Pinito pour la consoler. Entre autres choses, il lui dit : « Retourne au foyer conjugal ; nous prierons Dieu qu'il nous envoie un fils à qui nous donnerons le nom d'Agésilas. Tu n'as pas à craindre d'y trouver mon malheureux Léonidas. Inconsolable du malheur qui lui est arrivé, il est allé s'ensevelir dans un couvent pour expier son forfait. »

Astarté répondit : « Si jamais je suis assez faible pour consentir à tes désirs que Dieu m'envoie pour fils un serpent. » Le temps guérit toutes les douleurs. Astarté retourna au Vergiolo, conçut et enfanta, hélas ! le fruit de sa malédiction. Elle mit au monde un monstre ailé, qui avait la tête d'un chien, le ventre et la queue d'un dragon. Aussitôt né, ce monstre prit son essor et alla se cacher dans la grotte dont l'entrée a la forme d'un œil de bœuf.

Le chemin qui, de Caprunale conduit au Niolo, tournoie au pied de cette grotte. Les Niolins, qui osaient s'aventurer par ce chemin, étaient tous la proie du monstre. Le chemin fut abandonné. Canevelandro, c'était le nom qu'on avait donné au chien ailé, se rabattit sur les animaux. Bientôt, dans la forêt de Lonca, on ne vit plus un lièvre ni un renard, ni une chèvre sauvage. Canevelandro ne se tint pas pour battu.

Elargissant les limites de son champ de carnage, un jour, d'un coup de son aile de vautour, il s'envola au pied du *Capo ai Signori* et dévora tous les hommes qu'il y trouva.

On appela l'endroit, où il s'était arrêté, *Campisorco,* champ de l'ogre (1). Un autre, jour, rayonnant à droite, il alla se poser sous la voûte du *Capotafonato.* De là, plongeant la vue dans la haute vallée du Fango, il vit des formes humaines s'agiter sur la place du couvent de la *Stella.* Aussitôt, d'un bond, il enlève un moine, puis deux, puis trois. Enfin, en peu de temps, le couvent fut nettoyé de tous ses hôtes.

Les ruines solitaires de ce couvent se voient encore. Un berger s'est installé dans le jardin, qui ne produit plus que des pommes de terre et des haricots. Et là où les cénobites psalmodiaient et offraient le saint sacrifice de la Messe, les porcs ont établi leurs demeures. O néant, ô vanité des choses du monde !

Vers l'an 1300 était né à Galeria un de ces hommes de foi sublime, comme Dieu en faisait naître en ce temps-là. Cet homme s'appelait Sosthènes. Un jour il prit le chemin de la montagne et se retira dans des retraites inconnues, sous l'abri d'une hutte qu'il bâtit de ses mains, On connut bientôt sa cachette, et on alla trouver cette étoile de sainteté qui venait de se lever dans ce désert. D'abord, on y construisit un modeste ora-

---

(1) Ce champ se trouve sur le territoire de Chidazzo.

toire, où l'on plaça l'image de la Vierge Marie. Sosthènes implorait sans cesse Marie ; il conduisait à ses pieds les bons pèlerins qui venaient le voir. Les visites des hommes n'étaient pas les seules que l'anachorète reçût. Un soir, un berger voisin, à minuit, suivit Sosthènes à la petite chapelle où il allait prier. Tout à coup cette petite chapelle éclata de lumière. Le berger s'approcha et, sur les degrés de l'autel, où Sosthènes était agenouillé, il vit un jeune enfant au front céleste qui lui souriait à côté de Marie. Ce miracle fut connu et des hommes pleins de piété érigèrent autour de la hutte de Sosthènes plusieurs autres petites huttes. Ce fut l'origine du couvent.

Les Niolins, quoique frappés de stupeur, après l'enlèvement des Moines, profitèrent de l'obscurité d'une nuit d'orage pour s'emparer de l'image miraculeuse de Marie, qu'ils transportèrent au Niolo. Mais le Niolo renferme plusieurs villages et plusieurs églises. Pour éviter toute contestation il fut convenu, d'un commun accord, de placer l'image sur une mule qu'on laisserait libre. La mule s'en alla à Casamaccioli, et on plaça l'image de Marie dans l'église de ce village. De toutes les parties de la Corse, on y va en pèlerinage. A l'occasion de la fête, le jour de la Nativité de la Vierge, il y a foire. Cette foire, qui est la plus ancienne de l'île, dure trois et même quatre jours. Elle doit son origine à la réputation de l'image miraculeuse.

Canevalandro continuait ses ravages dans le

bassin du Fango. Les Niolins reculaient de plus en plus vers la plaine. Sur ces entrefaites, arriva à Évisa un jeune guerrier, appelé Pasquino. Il venait d'Italie, où il servait dans les milices de l'Empereur, en qualité de capitaine. Il était venu voir son père et son unique sœur, qui répondait au nom harmonieux de *Gloria*. Cet officier fit savoir aux Niolins que s'ils voulaient bien céder la forêt de Lonca aux Évisiens, il les délivrerait du monstre. La proposition fut acceptée.

Sur le soir d'une belle journée du mois d'août, Pasquino, revêtu de ses plus belles armes, prit le chemin de la forêt, emportant avec lui quelques toisons de moutons. Arrivé au pied de la grotte de Canevalandro, il étendit les toisons sur l'herbe, de manière à simuler des béliers paissants, et se cacha dans un buisson. Aux premiers rayons de l'aurore aux doigts de rose, comme dirait le bon Homère, le monstre, attiré par l'odeur et la faim, s'abat sur les toisons, mais en même temps, Pasquino fonce sur lui et le tue avec sa grande épée.

C'est ainsi que mourut Canevalandro et que la forêt de Lonca passa des Niolins aux Évisiens.

Pasquino retourna aussitôt après cet exploit en Italie où il est mort officier général. Il fut enseveli à Rome, dans l'église de Saint-Chrysogone, en Transtevere. On y lit encore son épitaphe en latin, dont voici la traduction :

« A Pasquino Corso, de Sia, illustre par ses
glorieux faits d'armes et ses excellentes qualités
privées, et à Lucrèce, sa fille, Horace Castellani,
son compatriote, a élevé ce tombeau. »

II.

MANNONE

CHATEAU DE LA SPELONCA.

Nous avons dit que le comte Euxène, seigneur
du Vergiolo, avait une sœur, nommée Hellé,
qui était mariée avec Mannone, seigneur du château de la Spelonca. Nous devons ajouter que
ce malheureux Euxène et sa femme infortunée
étaient morts d'épouvante et de douleur aussitôt après la naissance de Canevalandro. Voici
maintenant l'histoire douloureuse d'Hellé, qui,
elle aussi, périt misérablement, par la très
grande faute de son mari.

A quelques centaines de mètres du cimetière
d'Evisa, au couchant, s'élève à pic, à une hauteur prodigieuse, du fond d'un gouffre immense,
un rocher énorme, ayant l'aspect d'une énorme
tour, terminé, à son sommet, par une plate-
forme, de la contenance d'un arpent de terre.

La riviére, qui desvend de Cristinacce, contourne les deux tiers de sa base ; l'autre tiers est bordé de cavernes profondes.

Pour atteindre au sommet, on a creusé dans le roc des marches qui, aujourd'hui, sont usées en partie par le temps. Au bout supérieur de ces marches, sur le point culminant de la plate-forme, on voit encore les ruines d'un château.

Sur le bord opposé à ces ruines, se trouve une chambre spacieuse, suspendue sur un abîme effrayant, appelée *Grotta ai Signori*. Dans l'intérieur de cette grotte, on remarque des bancs de granit, et, à droite de l'entrée, une fenêtre taillée de main d'homme. Là et dans le château habitaient jadis des gentilshommes issus de la grande et illustre famille de Cinarca, par la branche de Leca.

Les généalogistes complaisants font remonter les origines de cette maison à Laomédon, roi de Troie, et à la belle Vénus, par Anchise et le pieux Enée.

A la vérité, Jean de la Grossa ne va pas plus loin que le seigneur Ugo della Colonna. Comme nous n'écrivons pas un armorial et que d'ailleurs nos ailes sont trop faibles pour voler si loin, Jupiter et Priam nous pardonneront de ne pas rajeunir leurs blasons dans une œuvre d'aussi minime importance que celle qui nous occupe.

La noble maison de Cinarca tire historiquement son nom de *Cinarchese*. Ce seigneur eut deux fils : *Guido* et *Guglielmo*. Ce dernier fut le père de *Sinuccello* et de *Truffetta*. De Sinuccello, dit plus tard *Giudice de Cinarca*, descendent, par *Salnese*, les d'*Istria*, et par *Arriguccio*, les *Rocca*. Le comte actuel de Cinarca, qui porte noblement son nom, est donc issu de Giudice de Cinarca, le plus glorieux des héros de cette Maison. *Truffetta* fut la souche des *Ornano*, par *Lupo*, et des *Bozzi*, par *Ristoruccello*, deux rameaux très célèbres.

Guido fut le père d'*Arrigo Orecchiaritta* et de *Raineri*. De celui-ci descendent les Gozzi.

Orecchiaritta, chassé du château de Cinarca par son cousin Sinuccello, alla s'établir à la *Catena*. Il eut deux fils : *Arrigo* et *Guido*. Le premier mourut sans postérité. De Guido naquirent cinq garçons : *Guglielminuccio, Arriguccio, Giudicello, Branca* et *Ristoruccio*.

Le château de Cinarca avait passé de Sinuccello à Raineri, et de Raineri au Génois Othon. Les cinq fils de Guido le rachetèrent moyennant 550 écus. Ils se partagèrent ensuite leurs seigneuries. Guglielminuccio se retira au château de *Ginepro*, dont les ruines se voient à l'entrée des *calanche* de Piana. Branca fut tué à Cinarca par Guillaume et Arrigo d'Istria, Ristoruccio eut Cinarca et Leca. De lui sont sortis les illustres guerriers Giocante, Raffaello, Rinuccio et Giovan Paolo. Arriguccio et Giudicello habitèrent successivement le Masso, la Catena et Leca. Leurs descendants bâtirent des châteaux un peu partout, mais ils portèrent toujours le nom *Leca*, du château qui était situé près d'Arbori, sur la rive droite du Liamone. Les gentilshommes de la Spelonca sortaient de Giudicello.

Actuellement le nom Leca est très commun dans l'ancienne province de Vico. Les Seigneurs mettaient en pratique le précepte donné par Dieu à nos premiers parents : « Croissez et multipliez. » Ils avaient besoin d'hommes pour faire la petite guerre et ils en procréaient à volonté Souvent ils avaient maille à partir dans l'exercice du culte qu'ils avaient voué à Vénus. N'importe.

Pour ne citer qu'un fait entre mille, Giudice de Cinarca ne fût-il pas obligé de s'échapper nuitamment de Biguglia pour avoir attenté à l'honneur d'une jeune fille ? Depuis, la Corse entière se révolta. Il fut pris par les Génois et condamné à mourir misérablement à Gênes, dans la prison de la Malapaga Le drame de San Cipriano est aussi un exemple de la lubricité des Seigneurs.

Le premier bienfait de Dieu est de nous avoir placés au milieu des merveilles de sa création, où nous pouvons centupler nos forces. Avec les vents et la mer, l'homme se fait des ailes comme l'oiseau, ou plutôt comme la pensée, car il franchit des espaces que l'aigle ne saurait franchir. Son action s'étend sur le globe entier. Mais l'homme abuse des moyens que Dieu lui donne. S'il est libre, s'il possède le pouvoir de mal faire, c'est pour avoir plus de gloire à faire le bien. Malheur à celui qui abuse de sa puissance pour nuire à ses semblables ou les déshonorer !

C'était le mois de juillet. Les bergers, qui avaient passé l'hiver dans les chaudes vallées du Sia, étaient montés avec leurs troupeaux sur les hauts plateaux du *Sevindentro*, après avoir procédé à la tondaison de leurs chèvres ou de leurs brebis. Le jour où cette opération a lieu est un jour de fête corporelle. Les bergers se réunissent, tantôt chez l'un, tantôt chez l'autre Les troupeaux sont parqués. Lorsqu'une bête est tondue, on la lâche et, elle, se sentant plus légère, et honteuse de se voir dépouillée de sa toison, qui faisait son honneur, bêle plaintivement comme pour appeler au secours. A midi, les bergères apportent des corbeilles pleines de gâteaux et du vin en abondance. Après le repas, on se remet au travail. La journée se termine par un souper copieux, composé de ragoûts de viande et de beignets, et couronné par une danse au son du chalumeau.

Le Sia, comme nous l'avons dit, était très bien cultivé. Au contraire le Sevindentro était encore tout couvert de bois de pins et de chênes. Au milieu de ces bois se détachaient des maisons plus ou moins noircies par la fumée de la *teda* ou bois gras dont la flamme servait de lampe. Cependant on remarquait aussi de belles habitations appartenant aux familles aisées.

Le dimanche, les habitants d'Evisa se réunissaient autour de la chapelle de San Cipriano pour entendre la messe. Cette chapelle, bâtie en style pisan, se trouvait là où est le vieux cimetière. Les Seigneurs seuls avaient le droit d'y pénétrer à la suite du curé. Les femmes du peuple se tenaient devant la porte, qui restait grandement ouverte pendant le Saint-Sacrifice. Chose curieuse ! On avait ménagé des caveaux sous le sol de la chapelle, et nous y avons vu jeter pêle-mêle des cadavres. Cet usage a disparu, il y a à peine vingt ou vingt-cinq ans, après qu'on a construit à côté un nouveau cimetière, qui est un des plus beaux de la Corse.

Enlèvement de Gloria.

Le jour de la fête du Saint Titulaire, le 16 septembre, l'un des Seigneurs s'arrêta devant le groupe des femmes, comme en extase. Une jeune fille de dix-huit ans attirait ses regards et son admiration. C'était Gloria, la sœur de Pasquino, laquelle se distinguait par sa beauté et son noble maintien. Elle était court-vêtue selon la mode du temps. Un foulard de soie, semé d'abeilles, encadrait sa figure angélique Le Seigneur ravi s'appelait Mannone. Il était beau de sa personne, comme d'ailleurs tous les Leca. On l'accusait d'être époux infidèle. Des créneaux du château, la malheureuse comtesse

Hellé l'avait vu maintes fois se rendre à Evisa, au clair de la lune, par un chemin détourné, qu'elle nomma la charrière du Crève-Cœur.

La vue de Gloria avait allumé dans le cœur de Mannone tous les mauvais instincts. Mais que faire ? Il était marié, et Gloria, sans être de la première noblesse, appartenait à une famille honnête et très honorable. *Parla la ragione, ma l'amor canta,* dit le poète. L'amour chanta si bien que Mannone, qui se croyait tout permis, décida de faire enlever la jeune fille. L'occasion ne tarda pas à se présenter. Pasquino, comme nous l'avons dit, était retourné en Italie. Son père allait quelquefois dans le Sia pour affaires. Lorsqu'il était absent, Gloria restait sous la garde d'une vieille duègne. Mannone gagna la duègne avec de l'or. Philippe de Macédoine n'a-t-il pas dit qu'une forteresse où pouvait entrer un âne chargé d'or n'était pas imprenable ?

A minuit du premier jour du mois d'octobre, deux bandits, armés de pied en cap, se présentent chez Gloria. La duègne était allée chauffer le four du quartier, et la jeune fille se préparait à sortir pour aller cuire son pain, car, en ce temps-là, il n'y avait pas de boulangers à Evisa Les deux bandits intimèrent l'ordre à Gloria de les suivre, sous peine de mort.

« Nous ne voulons vous faire aucun mal, lui disent-ils, si vous obéissez. Nous voulons vous conduire chez Salomon Leca, du Tasso, qui vous aime et que vous aimez. Votre père lui a refusé votre main. C'est donc pour vous rendre heureuse que nous vous enlevons de la maison paternelle. Salomon nous attend au lac de Nino. »

Et, ce disant, ces deux scélérats saisissaient la jeune fille d'une main, et, de l'autre, tenaient deux poignards levés sur sa tête et prêts à frapper. Gloria, toute tremblante de peur, ne put articuler un seul mot. On l'enleva à bras le corps, comme un paquet de plumes.

Un troisième larron se tenait sur la place avec des chevaux. Vite, on place Gloria sur l'un de ces chevaux, avec l'un des trois en croupe pour la retenir ferme sur la selle et l'empêcher de se jeter à terre. La nuit était sombre ; le chemin mauvais. On marchait avec peine à la faible lueur des étoiles. Gloria pleurait et faisait des efforts pour se laisser tomber sur les pierres qu'elle rencontrait et se tuer. Enfin, on s'arrête au moment où l'aurore sortait de sa couche d'ivoire, semant ses divines clartés sur les sommets de nos monts. Gloria voit, à ses pieds, un lac resplendissant des feux du ciel, et, tout autour, des huttes d'où sortaient, pareilles à des ombres, des formes humaines. Parmi ces ombres, elle reconnaît un jeune gars, qui avait été au service de son père. Celui-ci la reconnaît à son tour, et devine aussitôt ce qui vient d'arriver à son ancienne maîtresse. En un bond, il rentre dans sa hutte,

prend son fusil, et, sonnant du Colombo, qui
était le tocsin de nos pères et l'est encore des
bergers, il se rue sur les bandits, les menaçant
de faire feu, s'ils ne mettent de suite Gloria en
liberté. Ce qui fut fait à l'instant, car cinquante
autres gars arrivaient, armés de pistolets et de
haches, pour le soutenir.

Le Lac de Nino.

Voltaire, parlant du lac Léman, a dit : « Mon
lac est le premier. » Cet hémistiche d'un vers
plat est faux comme son auteur. Le lac de Nino
est certainement plus beau que le lac Léman.
C'est une étoile tombée du ciel au milieu de nos
montagnes, entre lesquelles il étend ses eaux étin-
celantes au soleil, comme pour procurer à cette
noble nature le plaisir de se mirer et de voir
elle-même sa splendeur. C'est le roi de nos lacs,
et, à double titre, la perle et l'honneur de la
Corse, car c'est sur ses bords que se réfugiaient
nos pères, lorsque trahis par la fortune des armes, ils fuyaient devant les ogres génois victo-
rieux. C'est là que Letizia, la mère des rois,
portant dans son sein celui qui devait être le
grand Napoléon, alla se cacher, après que la
liberté et l'indépendance corses eurent rendu
le dernier soupir sur les rives ensanglantées du
Golo. Nino a ses légendes.
Lorsque saint Jean-Baptiste fût mort, Héro-

diade eut toujours devant les yeux l'image de celui qu'elle avait fait périr. Il n'y avait plus pour elle ni repos, ni sommeil. Quelques années après son crime, elle quitta la Judée avec son oncle Antipas et vint à Rome, où elle espérait que ses souvenirs la persécuteraient moins. Malheureusement les terreurs suivent partout le coupable. Ne pouvant plus supporter l'existence, Hérodiade se tua elle-même, comme avaient fait Judas, Pilate, et tous ceux qui avaient trahi Jésus-Christ. On l'ensevelit, mais la terre ne voulut pas garder le cadavre de cette criminelle. On la sortit de son sépulcre et on la jeta dans le Tibre ; l'eau n'en voulut pas davantage. Continuellement les flots du fleuve étaient agités. Alors le Préfet du Prétoire ordonna de la transporter en Corse et de la jeter dans le cratère de Nino, que l'on considérait comme l'un des soupireaux de l'enfer.

Aussitôt la montagne fut le séjour perpétuel des tempêtes. Tous les grands-damnés, Caïn, Hérode, Judas, en tête, venaient faire visite à Hérodiade. On entendait de loin des cris, des voix épouvantables, des coups de marteaux qui faisaient trembler le mont Artica sur sa base.

Saint Paul vint prêcher l'Evangile en Corse, à son retour d'Espagne. On promit de se convertir à la religion chrétienne s'il chassait les démons du lac de Nino. Saint Paul exorcisa la montagne. La lutte fut terrible. Lucifer lança furieusement son marteau sur l'Apôtre, qui évita le coup ; mais le marteau alla frapper la montagne qui est en face, la troua de part en part, et s'enfonça dans le golfe de Rivellata. Le mont Tafonato est visible de plusieurs points de l'île.

Hérodiade et les démons vaincus se précipitèrent dans l'enfer, et le cratère s'emplit aussitôt d'eau et devint le lac charmant que nous voyons. On peut y aller d'Evisa en trois heures. Sa contenance est de 6 hectares, 74 centiares.

Retour de Gloria.
Drame sanglant de San-Cipriano.

Les Niolins reconduisirent Gloria en triomphe, à Evisa. On se perdait en conjectures pour connaître l'auteur de l'enlèvement.

Mannone, qui attendait la colombe dans le pigeonnier du Masso, près de Murzo, fut averti par ses copains que le coup avait cette fois raté. Afin qu'on ne jetât sur lui des soupçons, il s'empressa de rentrer dans son château et de se montrer à Evisa même. Mais les bandits avaient parlé entre eux, chemin faisant, et Gloria avait saisi le nom de Mannone. Elle ne révéla son secret qu'à son père. Celui-ci avertit confidentiellement ses proches parents et attendit l'occasion de se venger.

Le jour de la fête de la Toussaint, le premier novembre, tous les Seigneurs du château assistaient à la messe avec leurs familles. Aussitôt que le Saint-Sacrifice fût terminé, à un signal convenu, cent poignards brillent au soleil, cent pistolets sont prêts à éclater.

Le curé demande grâce pour tous. On feint de lui promettre, à la condition qu'il sorte seul pour traiter de la paix. Mais, à peine a-t-il franchi le seuil de la chapelle qu'un feu de peloton retentit. L'arme blanche acheva ceux que la poudre avait épargnés. Le jour même on mit le feu au château.

Des Leca, seigneurs du château de la Spelonca, il ne resta plus qu'un triste souvenir.

Les familles, qui portent actuellement le nom Leca, chez nous, sont issues de *Castelluccio*, châtelet situé, en ces temps-là, en amont de de notre petite ville, et de la tour de *Poggiolo*, dont on voit encore les ruines sur le chemin qui conduit d'Evisa à Marignana.

ÉPILOGUE

L'histoire de la crédulité est l'une des plus importantes de l'histoire morale de l'espèce humaine. Elle mérite d'être signalée aux méditations des philosophes.

Et d'abord, a-t-il jamais existé des reptiles d'une proportion assez extraordinaire, des animaux d'une forme assez monstrueuse, pour donner une origine naturelle aux récits merveilleux qui courent le monde ?

Oui, certainement. Alexandre, dans un temple de l'Inde, admira, dit-on, un serpent, qui avait soixante-dix coudées de longueur.

Nous savons qu'on révérait des dragons sacrés à Babylone, à Mélite, en Egypte, en Phrygie, en Italie, en Epire, en Thessalie, et dans la grotte de Trophonius, en Béotie.

Cependant, il n'existe point de serpents ailés, de véritables dragons : l'union de deux natures si diverses a été originairement un emblème un hiéroglyphe. Mais la poésie, qui vit de figures, n'a point hésité à s'emparer de l'image et de l'expression. Les reptiles, qui déchirèrent les fils de Laocoon sont appelés dragons par Q. Colober. Virgile leur donne tour à tour le nom de dragons et celui de serpents. Les deux noms paraissent avoir été synonymes dans le langage poétique ; et, les ailes, dont on dotait les dragons, n'étaient que l'emblême de la promptitude avec laquelle le serpent s'élance sur sa proie, ou s'élève, pour la saisir, jusqu'à la cime des arbres. Les expressions figurées se sont généralisées, dans le langage commun, et ont pris aisément de la réalité dans la croyance d'un vulgaire non moins ignorant qu'avide de merveilleux.

Les dragons monstrueux sont souvent les emblèmes des ravages produits par le débordement des eaux. Pour ne citer qu'un seul exemple, la Tarasque, dont l'image est portée encore aujourd'hui en procession, dans la ville de Tarascon, le lendemain de la Pentecóte, fut, dit-on, attachée par sainte Marthe avec une jarretière. Que représente-t-elle sinon les débordements du Rhône ? On connaît ces deux vers :

Le Serpent et le Dragon
Mettront Grenoble en savon.

Ils font allusion à l'emplacement de la ville, située à l'embouchure du Drac (Draco), dans l'Isère, représentée par le serpent, dont cette rivière imite assez, par son cours, les replis tortueux.

Tantôt la légende du serpent est transportée des tableaux astronomiques dans la mythologie et dans l'histoire ; tantôt elle s'introduit dans la religion.

Voulons-nous expliquer pourquoi un serpent ou un dragon figurent plusieurs fois dans le planisphère céleste ?

Un serpent énorme attaqua Minerve, dans le combat des dieux contre les géants ; la déesse saisit le monstre et le lança vers le ciel où il demeura fixé parmi les astres. Cérès y plaça un des dragons qui traînaient son char. Offensée par Triops, la même divinité le punit d'abord, du supplice d'une faim insatiable, puis lui fit donner la mort par un dragon qui prit ensuite place avec lui dans les cieux.

Concluons Les mythes ont tous une cause naturelle, symbolisée de différentes manières. Dans l'empire du merveilleux, nous pouvons reconnaître l'expression figurée des thèmes astronomiques de Persée, libérateur d'Andromède menacée par une baleine, d'Orion, vainqueur du serpent, emblèmes eux-mêmes du triomphe que la vertu remporte sur le vice, le principe bienfaisant sur le principe du mal ; et, en laissant tomber tous les voiles allégoriques, de la victoire du soleil du printemps sur l'hiver, et de la lumière sur les ténèbres.

Dans l'espèce ou en l'état, comme on dirait
au Palais, Canevalandro symboliserait le torrent
de Lonca, qui, grossissant au printemps, em-
portait tous les Niolins qui osaient le franchir
témérairement ; Pasquino serait la figure d'un
Evisien savant qui aurait construit un pont sur
ce torrent.

De même, l'hécatombe de San Cipriano repré-
senterait la victoire de la liberté sur la tyrannie,
le triomphe de la civilisation sur les barbares.

Et maintenant comprenez, mes chers lecteurs,
pourquoi je vous ai promenés autour d'Evisa.
C'est que nulle part vous ne trouverez une ville
aussi pittoresque, aussi fraîche en été, aussi
tiède au printemps et à l'automne, aussi merveilleuse en tout temps C'est une station estivale de premier ordre.

P. S. — On trouve à Evisa de très beaux hôtels,
avec tout le confortable désirable et des vues
splendides Je cite tout particulièrement le
Grand Hôtel Gigli, qui jouit d'une réputation
mondiale, et l'Hôtel de France, qui a fait d'heu·
reux débuts, depuis deux ans. Le premier
appartient à Madame Falconetti Gigli, et le
second à M. Mathieu Ceccaldi.

Les cafés, les débits et les magasins de toute
nature foisonnent partout.

FIN.

9 782019 937355